Steckbrief von Schildi Schildkröte

Name	Schildi Schildkröte
Rasse	Relaxis Testudines (Entspannungsschildkröte)
Alter	80 Jahre (was sehr jung ist, da Entspannungsschildkröten mindestens 799 Jahre alt werden – bei entspannter Lebensführung)
Aussehen	grüner Schildkrötenkörper, schwarze Augen, gemusterter Panzer, etwas längere Arme und Beine als eine normale Schildkröte, sodass die Entspannungsschildkröte gut Yoga machen kann
Ernährung	mag am liebsten Obst und Gemüse und frischen Salat
Hobby	alles, was mit Entspannung zu tun hat
Besonderes	hat schon viel erlebt und gibt ihre Tipps oder Lerninhalte gern in gereimter Form weiter

Einführung

Springen, klettern, rennen – Kinder sind immer in Bewegung. So erobern sie die Welt, lernen durch Ausprobieren, werden immer selbstbewusster: Wenn ich es nicht versuche, finde ich nie heraus, wie weit ich eigentlich springen kann! Eine gut entwickelte Fein- und Grobmotorik sorgt für ein gutes Körpergefühl. Die Kinder werden sich ihrer selbst bewusst, wenn sie über Stock und über Stein Hügel erklimmen, auf holprigen Straßen Roller fahren oder klitzekleine Perlen auffädeln.

Wer sich und seinen Körper gut kennt, kann auf sich achtgeben und die eigenen Bedürfnisse befriedigen: Wann habe ich zu viel Energie und muss mich austoben? Wann brauche ich eine Pause?

Entspannte Bewegungen – gelöste Kinder

Bei unseren Kindern sehen wir heute aber immer größere Defizite in der Motorik. Hektik und Stress begleiten die Mädchen und Jungen schon von klein auf. Durch Leistungsdruck, Ängste und vollgeladene Stundenpläne bereits im Kindergarten können Schwierigkeiten in der motorischen Entwicklung auftreten. Gerade im Feinmotorik-Bereich kommt es dann zu einer verkrampften (Körper-)Haltung, die entspannte Bewegungen beinahe unmöglich macht. Als Resultat stellen sich noch mehr Verspannungen ein, die Kinder verlieren die Freude an der Bewegung.

Schnell ist ein Entwicklungsdefizit diagnostiziert, doch stimmt das wirklich? Oft genug stellen sich diese vermeintlichen Defizite als Blockaden heraus, die durch die Anwendung bewegungsorientierter Entspannung gelöst werden können. Ziel der Entspannung durch Bewegung ist es, den Kindern die Themen *Entspannung, Bewegung, Körperwahrnehmung* und Achtsamkeit näherzubringen, um sie für die Herausforderungen des schnelllebigen Alltags – innerlich wie äußerlich – zu stärken und ihnen so den Zugang zu den einzelnen Lernbereichen zu erleichtern.

Bewegung – das wissen wir aus zahlreichen Studien – beeinflusst positiv sowohl das körperliche und seelische Wohlbefinden als auch das Denken und die Fähigkeit zu lernen. Wendet man bewegungsorientierte Entspannung vorbeugend an, entstehen Blockaden, Aggressionen, Konzentrationsprobleme und sogenannte Verhaltensauffälligkeiten erst gar nicht. Die motorischen Fähigkeiten werden trainiert und das Selbstbewusstsein wird erheblich gestärkt.

Motorik ist ein Überbegriff, der sich von dem griechischen Begriff *motoikè tèchne* (Bewegungstechnik, Bewegungswissenschaft) ableitet und in viele verschiedene Anwendungsbereiche unterteilt wird – immer geht es aber um Bewegung, die gezielt vom Gehirn gesteuert und koordiniert wird. Besonderes Augenmerk, bezogen auf die Entwicklung unserer Kinder, haben wir hierbei auf die Grob- und Feinmotorik. In den Bereich der Grobmotorik fallen alle Bewegungen des Körpers, die der Gesamtbewegung dienen, wie z. B. laufen, hüpfen, klettern, springen. Zur Feinmotorik zählen dagegen alle Abläufe, die die Hand-Finger-Koordination steuern, aber auch die Gesichts-, Augen-, Mund-, Fuß- und Zehenmotorik.

Claudia Hohloch

Schildi Schildkröte greift zu

Die besten Übungen aus Yoga und Kinesiologie für die Motorik

Bildnachweis

Gettyimages.de
S. 78: AlexBannykh

Layoutelemente:
Freepik.de/visnezh

Impressum

ISBN: 978-3-96046-148-7

Schildi Schildkröte greift zu
Die besten Übungen aus Yoga und Kinesiologie für die Motorik

Klett Kita GmbH
Rotebühlstr. 77
70178 Stuttgart
Internet: www.klett-kita.de

Redaktion	Myriam Bork
Redaktionelle Mitarbeit	Nicole Woratz
Autorin	Claudia Hohloch
Fotografie	Nicole Schielberg
Illustration	Alexandra Junge
Gestaltung und Satz	DOPPELPUNKT, Stuttgart
Druck	Paper & Tinta, Nadma

Kontakt
Telefon: 07 11 / 66 72 58 00
Telefax: 07 11 / 66 72 58 22
kundenservice@klett-kita.de

Gedruckt auf chlorfrei gebleichtem Papier.

Bibliografische Information der Deutschen Nationalbibliothek. Die Deutsche Nationalbibliothek verzeichnet diese Publikation in der Deutschen Nationalbibliografie. Detaillierte bibliografische Daten sind im Internet über http://dnb.d-nb.de abrufbar.

Inhalt

Ein paar Worte vorab 4
Steckbrief von Schildi Schildkröte 5

Einführung: 6

Übungsteil: Haltungen aus Yoga und Kinesiologie 9
Yoga und Kinesiologie – Tipps für eine Bewegungseinheit 10
Kinesiologie: *Armaktivierung* 11
Kinesiologie: *Liegende Acht* 12
Kinesiologie: *Synchronzeichnen* 13
Yoga: *Katze und Kuh – Überkreuz* 14
Yoga: *Katze – Flankendehnung* 15
Yoga: *Katze – Balance* 16
Yoga: *Krieger* 17
Yoga: *Krieger – seitlich aufgedreht* 18
Yoga: *Stütz* 19
Yoga: *Stütz – seitlich aufgedreht* 20
Bewegungsablauf: *Schildi grüßt die Sonne* 21

Mitmachgedichte und Spielideen 25
Mitmachideen mit Schildi Schildkröte 26
Mitmachgedicht: *Leuchtturm in Sicht!* 27
Mitmachgedicht: *Mein Freund Piepsi* 28
Mitmachgedicht + Spiel: *Auf Schatzsuche* 29
Mitmachgedicht + Spiel: *Neue Wege geh ich gern* 30
Mitmachgedicht: *Wenn ich ein Kätzlein wär* 31
Mitmachgedicht: *Kraft tanken* 32
Mitmachgedicht + Kreatividee: *Windspiel* 33
Mitmachgedicht: *Ich freu mich auf die Schule!* 34
Mitmachgedicht + Kreatividee: *Ostereier verstecken* 35
Mitmachgedicht + Spiel: *Eine Bootsfahrt* 36
Mitmachgedicht: *Wolken zeichnen* 38
Mitmachgedicht: *Ich back dir einen Kuchen* 39
Mitmachgedicht + Bewegungsidee: *Balancierspaß* 40
Mitmachgedicht + Kreatividee: *Omas Strickpulli* 41
Mitmachgedicht: *Am Sternenhimmel* 42
Mitmachgedicht + Spiel: *Mit Mauzi in den Schnee* 43
Mitmachgedicht: *Das Wettrennen* 44
Mitmachgedicht + Kreatividee: *Wir fliegen ins All!* 45
Mitmachgedicht: *Schildis Blumengarten* 46
Mitmachgedicht: *Schwimmen gehen* 47
Mitmachgedicht + Spiel: *Brücken bauen* 48
Mitmachgedicht: *Meine Stifte lieb ich sehr* 49
Mitmachgedicht: *Blitzblank soll das Fenster sein* 50
Mitmachgedicht: *Schöne Welt* 51
Mitmachgedicht + Spiel: *Seifenblasenpusten* 52
Mitmachgedicht: *Bei Kerzenlicht* 53
Mitmachgedicht: *Blättertanz* 54
Mitmachgedicht + Kreatividee: *Muster malen* 55
Mitmachgedicht: *Bücher lieb ich sehr* 56
Mitmachlied + Kreatividee: *Im Labyrinth* 57
Mitmachlied + Spiel: *Schleifen binden* 58
Mitmachgeschichte: *Künstlerzeit* 59
Mitmachgeschichte: *Der Schlangentanz* 60
Mitmachgeschichte + Kreatividee: *Malen mit Hand und Fuß* 61
Mitmachgeschichte: *Fische im Meer* 62
Mitmachgeschichte: *Nach einer langen Autofahrt* 63
Mitmachgeschichte: *Plätzchen backen* 64
Mitmachgeschichte + Kreatividee: *Schneeflocken sammeln* 65

Kopiervorlagen 67

Über die Autorin 79

Ein paar Worte vorab

Liebe Leserinnen und Leser,

als Lerntherapeutin und Entspannungstrainerin liegt mir die Entwicklung unserer Kinder sehr am Herzen. Besonders in der Praxis mit jüngeren Kindern konnte ich feststellen, dass unsere Jüngsten sehr neugierig und lernfreudig an neue Themen herangehen.
Doch lassen sie sich auch gern ablenken und die Konzentrationsdauer ist recht kurz. Durch den kindlichen Bewegungsdrang kann dann schnell Unruhe entstehen.

Aufgrund dieser Erfahrung habe ich begonnen, alle Angebote für Kindergartenkinder mit Bewegung zu verknüpfen. Außerdem habe ich eine kleine Stoffpuppe als Begleitung eingeführt: Schildi Schildkröte, die Entspannungsexpertin. Die kleine Schildkröte weckt Interesse bei den Kindern und lädt sie ein, in neue Welten einzutauchen.

Die Geschichten, Kreativideen, Mitmachreime und Entspannungsideen aus meiner Praxis sind in dieses Buch geflossen. Durch die abwechslungsreichen Konzepte – unterstützt durch Bewegungselemente aus Yoga und Kinesiologie und Schildi Schildkröte als Freundin für die Kinder – ist eine Reihe entstanden, die allen Mädchen und Jungen Freude am spielerischen und kindgerechten Lernen vermittelt. Die Kinder werden individuell abgeholt und die Themen mithilfe der Stoffschildkröte *be*-greifbar gemacht!

Ich wünsche Ihnen und Ihren Kindern viel Spaß mit Schildi Schildkröte.

Herzlichst, Ihre
Claudia Hohloch

Motorik fördern mit Yoga und Kinesiologie

In diesem Buch finden Sie daher zahlreiche Übungen aus Yoga und Kinesiologie, die die Kinder durch sanfte Bewegungen entspannen und in die Ruhe führen sollen.

Yoga baut Spannungen ab, hilft den Mädchen und Jungen, sich selbst bewusst wahrzunehmen, und stärkt Körper und Geist. Die Kinesiologie ist eine ganzheitliche Heilmethode, die Lernblockaden durch Bewegung löst und es Kindern jeden Alters ermöglicht, unbeschwert Bewegungserfahrungen zu machen, Talente zu entdecken und Fähigkeiten zu verbessern.

Die ausgewählten Übungen sind speziell auf die Förderung der Motorik abgestimmt: Die Handgelenke werden gelockert, die Armmuskulatur und der Rücken gestärkt und entspannt und die Konzentration gefördert. Die Haltungen aus Yoga und Kinesiologie bilden hier eine tolle Kombination, die Kinder beim Lernen durch Bewegung unterstützt.

Schildi Schildkröte – die Entspannungsschildkröte

Schildi Schildkröte, die Entspannungsschildkröte und Expertin für Yoga und Kinesiologie, begleitet die Kinder bei den Übungen.

Jedes Angebot mit Schildi Schildkröte beginnt mit einem besonderen Bewegungsablauf: Schildi grüßt die Sonne – so entsteht ein Ritual, das den Kindern Halt und Orientierung gibt.

Die kleine Schildkröte hat außerdem zahlreiche Mitmachgedichte im Gepäck, in denen die Übungen aus Yoga und Kinesiologie kindgerecht und spielerisch zur Anwendung kommen. Ergänzt werden die Mitmachgedichte durch weitere Bewegungsideen, Kreativangebote und Spiele. Gerade durch die vielseitige Herangehensweise fühlen sich alle Kinder angesprochen.

Schildi Schildkröte für alle!

Mithilfe der Nähanleitung im Anhang können Sie die kleine Schildkröte selbst nähen – entweder nur eine einzige Schildkröte für die Angebote mit Schildi oder eine für jedes Kind.

So wird Schildi Schildkröte zur Begleiterin und Ansprechpartnerin für die Kinder im Kindergartenalltag. Die Stoffschildkröte nimmt Ängste, motiviert und lädt ein, an Aktivitäten teilzunehmen. Schildi Schildkröte hilft den Kindern, sich auf die angebotene Ruhe und die vielleicht noch ungewohnten Bewegungsabläufe der Übungen einzulassen.

Wenn die Kinder die Gruppe verlassen, nehmen sie ihre Schildkröte mit – als Erinnerung an die Kindergartenzeit und als Entspannungshelfer im Alltag.

Motorik im Alltag unterstützen – so klappt es

- Schaffen Sie eine entspannte und stressfreie Atmosphäre, denn entspannte Kinder lernen leichter.
- Nutzen Sie die Spielgeräte im Garten Ihrer Einrichtung, um die Kinder in den Bereichen *Balance*, *Kraft* und *Überkreuz* zu unterstützen.
- Achten Sie auf abwechslungsreiche Bewegungsangebote für die Kinder.
- Auch Hüpfspiele, Werfen und Fangen unterstützen die Motorik.
- Nutzen Sie, gerade auch bei motorisch auffälligen Kindern, den natürlichen Bewegungsdrang und geben Sie den Kindern noch mehr Gelegenheiten zum Balancieren, Klettern, Toben, Hüpfen, Springen, Werfen, Fangen, Krabbeln …

Übungsteil

Haltungen aus Yoga und Kinesiologie

Yoga und Kinesiologie –

Tipps für eine Bewegungseinheit

Der folgende Übungsteil beinhaltet Elemente aus der Kinesiologie, die Blockaden und Denkmuster lösen und den Kindern guttun. Aber auch Yogahaltungen fließen mit ein, die Spannungen abbauen, die Muskulatur dehnen und entspannen. Für die Übungen brauchen Sie nur rutschfeste Matten und bequeme Kleidung.

Zu jeder Übung gibt es ein großes Foto und eine ausführliche Beschreibung, sodass Sie die Übung den Kindern gut zeigen können. Hier kommt es nicht auf Perfektion an! Jeder ist anders und unser Körper sagt uns sehr genau, wozu er sich in der Lage fühlt – wir müssen nur genau hinhören.

Das Ziel von Yoga und Kinesiologie ist es, Kindern zu helfen, ihre innere Mitte zu finden und ihre innere Stärke zu spüren – die Übungen in diesem Buch sind genau das richtige Handwerkszeug dafür.

Sie können einzelne Übungen gezielt herausgreifen, Bewegungsabläufe mit den Kindern machen oder ganze Bewegungseinheiten anbieten. Im zweiten Teil des Buches finden Sie passende Themen und Mitmachideen. Wenn die Kinder etwas Übung haben, können sie die Bewegungen auch selbstständig durchführen, wann immer ihnen danach ist.

Da Kindern Rituale guttun, findet sich in diesem Kapitel übrigens auch eine Variante des Sonnengrußes, der gut als Einstieg in die Bewegungseinheit genutzt werden kann und die Kinder bereits auf die noch folgenden Übungen und Angebote einstimmt.

Armaktivierung

Kinesiologie

So geht's

Im Sitzen oder Stehen auf eine aufrechte Körperhaltung achten. Der rechte Arm wird nach oben gestreckt, die Finger zeigen dabei zur Decke. Der linke Arm greift um den Kopf nach dem rechten Arm. Diese Position wird für einige Atemzüge gehalten, dann wird die Seite gewechselt.

Wirkung

Die Aufmerksamkeit bei Schreibtischtätigkeiten wird durch die Armaktivierung verbessert. Außerdem wird die Schulter- und Armmuskulatur entspannt und koordiniert.

Liegende Acht

Kinesiologie

So geht's

Im Sitzen oder Stehen werden die Fingerspitzen zusammengeführt, sodass die Hände ein Dreieck bilden. Dieses Händefenster wird nach oben links geführt, danach mit den Händen eine liegende Acht in die Luft gezeichnet. Nur die Augen verfolgen die Bewegung der Hände – der Oberkörper bleibt starr. Diese Übung mindestens zwölf Mal wiederholen.

Wirkung

Die Liegende Acht kann den Gedankenstrom stoppen und so für mehr Konzentration sorgen. Durch die Überkreuzbewegung der Augen werden außerdem die rechte und die linke Gehirnhälfte miteinander verknüpft. Wird die Übung auf dem Papier mit einem Stift ausgeführt, wird das Handgelenk zusätzlich gelockert und kann das Schriftbild positiv beeinflussen.

Synchronzeichnen

Kinesiologie

So geht's In eine aufrechte Sitz- oder Standhaltung gehen und dann mit beiden Händen zur selben Zeit spiegelgleich Formen oder Linien in die Luft zeichnen.

Variante Zur Veranschaulichung oder Vereinfachung kann die Übung auch mit zwei Stiften auf einem Papier ausgeführt werden.

Wirkung Das Synchronzeichnen erleichtert das Schreiben, Rechnen und Buchstabieren und fördert außerdem die Auge-Hand-Koordination.

Katze und Kuh – Überkreuz

Yoga

So geht's

Diese Übung baut auf der Grundübung *Katze und Kuh* auf. Ausgangsposition ist der Vierfüßlerstand – dabei ist darauf zu achten, dass die Knie unter der Hüfte und die Handgelenke unter den Schultern abgestellt werden. Dann wird das Kinn langsam Richtung Brust geführt und mit der Wirbelsäule ein runder Katzenbuckel geformt. Langsam wird der Blick wieder nach vorn gerichtet und der Rücken wird leicht durchgedrückt.
Aus der Kuh-Haltung heraus werden der rechte Arm und das linke Bein weit nach vorn bzw. hinten gestreckt. Danach werden Arm und Bein unter dem Körper zusammengeführt, sodass sich Ellenbogen und Knie annähern.
Dieser Übungsablauf wird 5 bis 10 Mal je Seite wiederholt, dann wird ein Seitenwechsel durchgeführt.

Wirkung

Der Rücken wird gedehnt und die Wirbelsäule mobilisiert, zusätzlich wird noch das Gleichgewicht geschult.

Katze – Flankendehnung

Yoga

So geht's

Aus dem Vierfüßlerstand heraus wird der Oberkörper aufgerichtet und seitlich aufgedreht. Dann das rechte Bein lang ausstrecken, den rechten Arm mit der Handfläche nach oben auf dem Oberschenkel ablegen. Der linke Arm wird über den Kopf zum rechten Fuß gedehnt.

Wirkung

Diese Übung dehnt und entspannt die seitliche Rückenmuskulatur.

Katze – Balance

Yoga

So geht's

Aus der *Katze mit Flankendehnung* heraus wird die linke Hand seitlich abgestellt, das rechte Bein leicht angehoben und der rechte Arm ausgestreckt Richtung Decke geführt.

Wirkung

Diese Übung fördert die Balance sowie die Konzentration. Außerdem dehnt und kräftigt sie die seitliche Oberkörpermuskulatur.

Krieger

Yoga

So geht's Aus dem Stand heraus gehen die Kinder in die Vorbeuge und legen die Hände links und rechts neben den Füßen ab. Das rechte Bein geht in die Kniebeuge und das linke Bein wird lang gestreckt nach hinten abgestellt. Der Blick ist nach vorn gerichtet. Diese Haltung für einige Atemzüge halten, dann die Seite wechseln.

Variante Für einen sicheren Stand kann auch das hintere Knie auf der Unterlage abgelegt werden.

Wirkung Diese Übung kräftigt die Bein- und die Fußmuskulatur und fördert die Standfestigkeit. Außerdem sorgt die Haltung für ein Gefühl von Klarheit und (innerer) Kraft.

Krieger – seitlich aufgedreht

Yoga

So geht's

Ist das linke Bein für die Haltung des Kriegers vorn, wird die linke Hand auf der Unterlage stehen gelassen und der rechte Arm Richtung Decke geführt. Der Blick ist zur Seite gerichtet. Für einige Atemzüge halten, dann die Seite wechseln.

Wirkung

Die Übung hält die Wirbelsäule beweglich, kräftigt die Bein- und Fußmuskulatur und fördert die Standfestigkeit.

Stütz

Yoga

So geht's

Aus dem Stand heraus in die Vorbeuge gehen und die Hände links und rechts neben den Füßen abstellen. Zuerst das rechte Bein gestreckt nach hinten abstellen, dann das linke. Bei dieser Übung ist darauf zu achten, dass der Körper eine gerade Linie bildet – das Gesäß darf nicht durchhängen!

Variante

Für einen sicheren Stand kann die Haltung auch auf den Unterarmen gestützt ausgeführt werden.

Wirkung

Diese Übung kräftigt die Bauch-, Rücken-, Bein- und Armmuskulatur und fördert die Standfestigkeit.

Stütz – seitlich aufgedreht

Yoga

So geht's

Aus der Stützhaltung heraus wird die rechte Hand von der Unterlage gelöst und nach oben ausgestreckt. Der Blick wird dabei ebenfalls nach oben gerichtet. Für einige Atemzüge halten, dann einen Seitenwechsel durchführen.

Variante

Auch diese Übung kann für eine bessere Standfestigkeit auf dem Unterarm ausgeführt werden.

Wirkung

Mit dieser Übung werden die Bauch-, Bein-, Arm- und Rückenmuskeln gestärkt und außerdem die Wirbelsäule mobilisiert und das Gleichgewicht geschult.

Schildi grüßt die Sonne

Ritual zum Einstieg in die Entspannung

Schildi grüßt die Sonne ist eine abgewandelte Form des traditionellen Sonnengrußes. Der Sonnengruß aktiviert, mobilisiert und wärmt den Körper für die kommende Entspannungseinheit auf. Der Rücken und die Wirbelsäule werden gedehnt und entspannt und die Muskulatur wird gekräftigt. Außerdem gibt der Sonnengruß Schwung für den Tag. Die Haltungen werden fließend umgesetzt und bilden mit dem beigefügten Mitmachreim ein schönes Anfangsritual.

Ablauf

Schildkröte

Im Fersensitz die Knie leicht nach außen zeigen lassen und die Hände mit den Handrücken zusammenführen. Die Hände werden dann gemeinsam zwischen die Beine geschoben und der Kopf wird abgelegt.

Händegruß

Von hier aus in den Stand gehen und die Hände zum Gruß nehmen.

Rückbeuge

Mit dem Oberkörper sanft in die Rückbeuge gehen und die Arme mit nach oben nehmen.

Vorbeuge

In die Vorbeuge übergehen – die Hände hierbei zum Boden führen.

Krieger

Die Hände auf der Matte abstellen, das rechte Bein bleibt auf Höhe der Hände in gebeugter Haltung stehen. Das linke Bein wird gestreckt nach hinten geführt.
Hierbei darauf achten, dass das Knie nicht über die Zehen hinausragt, da es sonst zu Knieproblemen kommen kann. Der Blick ist nach vorn gerichtet.

Stütz

Das rechte Bein wird ebenfalls nach hinten geführt. Die Zehen sind aufgestellt.

Fersensitz

Aus dem Stütz in den Fersensitz übergehen, um dann nach vorn zu „schnuppern“: Der Oberkörper wird mit dem Gesicht ganz nah an der Matte nach vorn geführt.

Kobra

In die Kobra übergehen …

Hund

… und anschließend in den Hund.

Nun geht es rückwärts:
Aus der Haltung des Hundes heraus wird das linke Bein in der Beuge vorgestellt zu den Händen – das rechte bleibt gestreckt *(Krieger – seitenverkehrt)*. Dann werden die Füße nebeneinandergestellt *(Vorbeuge)*. Von hier aus aufrichten und in die Rückbeuge gehen. Anschließend den Sonnengruß mit dem Händegruß abschließen.

Schildi grüßt die Sonne

Mitmachreim

Guten Morgen, liebe Sonne, *(Schildkröte)*
schön, dass du mich jetzt aufweckst. *(Händegruß)*
Dann werd ich wach und genieße, *(Rückbeuge)*
wie du meine Nase neckst.

Ich berühre gern den Boden, *(Vorbeuge)*
liebe Erde, du trägst mich,
nährst die Tiere und die Menschen,
dafür danke ich.

Wie ein Krieger stark im Leben, *(Krieger)*
hab auch ich ganz viel zu geben.

Stärke hab ich in den Armen, *(Stütz)*
eins und zwei.
Und Stärke hab ich in den Beinen –
sind doch immer mit dabei.

Meinen Rücken dehn ich und tu Gutes, *(Fersensitz zu Kobra)*
so bin ich jeden Tag guten Mutes.

Einen langen Rücken mach ich gern – *(Hund)*
das ist der Yoga-Hund,
den erkennt man von nah und fern.

Mein linkes Bein, *(Krieger linkes Bein)*
das will auch noch ein Krieger sein.
Dann stell ich beide Beine zusammen,
denn sie sind nicht gern allein. *(Vorbeuge)*

Und dann streck ich mich dir entgegen – *(Rückbeuge)*
liebe Sonne, strahl mich an.
Voller Freude will ich mich bewegen – *(Händegruß)*
jetzt fängt mein Tag erst richtig an!

Praxisteil

Mitmachgedichte und Spielideen

Mitmachideen mit Schildi Schildkröte

Spielerisch die Motorik fördern

In den folgenden Gedichten zum Mitmachen sind die vorgestellten Übungen aus Yoga und Kinesiologie integriert. Die Haltungen werden spielerisch mit viel Freude umgesetzt und helfen so, dass durch die Bewegung die Entspannung gefunden wird. Die kleinen Erzählungen regen die Fantasie der Kinder an und gewinnen ihre Neugier. So wecken Sie auch in zurückhaltenden oder unsicheren Kindern die Bewegungsfreude.

Durch regelmäßiges Umsetzen lernen die Kinder, welche Übungen sich wie auf ihren Körper auswirken, und verstehen, auf ihren Körper zu hören und ihm durch die Bewegungen etwas Gutes zu tun.

Für jedes Angebot benötigen Sie eine kleine Stoffschildkröte – entweder aus Ihrem Fundus oder ganz einfach selbst genäht (siehe Anhang). Besonders schön ist es, wenn jedes Kind seine eigene Stoffschildkröte bekommt. Schildi Schildkröte ist immer dabei und leitet die Kinder durch das Angebot.

Die rutschfesten Matten und die bequeme Kleidung gehören zu jeder Bewegungseinheit mit Schildi Schildkröte dazu. Was Sie sonst noch brauchen, finden Sie in den Materiallisten bei den jeweiligen Angeboten.

Ein Ritual mit Schildi Schildkröte

Rituale helfen den Kindern, sich leichter auf das Kommende einzustellen und sich zurechtzufinden. Viele (vor allem schüchterne) Kinder begrüßen schon die kleinsten Rituale, da ihnen diese Halt und Orientierung geben. Ein schöner Ablauf für eine Bewegungseinheit mit Schildi Schildkröte wäre beispielsweise:

- Begrüßen der Kinder im Stuhlkreis
- Vorstellen und Begrüßen von Schildi Schildkröte (gern mithilfe des Steckbriefes)
- gemeinsam die Bewegungseinheit *Schildi grüßt die Sonne* durchführen
- das ausgewählte Gedicht umsetzen
- Schildi Schildkröte wieder verabschieden und Stuhlkreis auflösen

Die Yoga- und Kinesiologiehaltungen können Sie im Vorfeld mit den Kindern üben oder während der Durchführung gemeinsam entdecken.

Leuchtturm in Sicht!

Mitmachgedicht

Alter	ab 3 Jahren
Übungen	Liegende Acht, Synchronzeichnen, Armaktivierung
Das bewirkt's	Diese Übungen verknüpfen die beiden Gehirnhälften miteinander, lockern und entspannen das Handgelenk und verlängern die Aufmerksamkeit.

Die Wellen des Meeres gehen auf und ab –
da bewegt sich mein Bötlein nicht zu knapp!

(Liegende Acht)

Ich halte Ausschau nach fernen Ländern und Inseln,
gern würde ich meine Entdeckung auf die Landkarte pinseln.

(Synchronzeichnen)

Kommen dann die ersten Sterne in Sicht,
fürchte ich mich nicht.

(Armaktivierung)

Denn immer seh ich am Horizont ganz hell
das Leuchtturmlicht und folge dem schnell.

(Armaktivierung, Seitenwechsel)

Mein Freund Piepsi

Mitmachgedicht

Alter	ab 3 Jahren
Übungen	Katze und Kuh – Überkreuz, Katze – Balance, Katze – Flankendehnung
Das bewirkt's	Diese Übungen kräftigen und mobilisieren die Wirbelsäule und die Arme, außerdem werden die Handgelenke gelockert und die Auge-Hand-Koordination verbessert.

Piepsi ist mein treuer Freund,
von unseren Abenteuern erzähl ich dir heut.
(Katze und Kuh – Überkreuz)

Wir gehen gerne auf Bäume klettern,
er fliegt voraus und ich komm über Äste hoch bis zu den Blättern.
(Katze – Balance)

Gemeinsam sammeln wir Naturschätze ein,
und überlegen: Was könnte das sein?
(Katze – Flankendehnung)

Am Abend zählen wir die Sterne gern,
wirken so nah, und sind doch so fern.
(Katze – Balance, Seitenwechsel)

Und wenn ich ein Geheimnis hab, weiß ich genau:
Piepsi kann ich alles sagen, weil ich ihm vertrau!
(Katze – Flankendehnung, Seitenwechsel)

Auf Schatzsuche

Mitmachgedicht + Spiel

Alter ab 3 Jahren

Übungen Liegende Acht, Armaktivierung, Krieger, Krieger – seitlich aufgedreht

Das bewirkt's Hier werden die Handgelenke gelockert, die beiden Gehirnhälften verbunden und die Aufmerksamkeitsspanne erhöht. Außerdem werden die Arm, Bein- und Rückenmuskulatur gekräftigt und die Wirbelsäule mobilisiert.

Heute geht's aufs große Meer,
holen uns den Schatz hier her!

(Liegende Acht)

Mit dem Segel fahrn wir schnell,
beeilen uns, denn noch ists hell!

(Armaktivierung)

Unser Ziel ist diese Insel da,
schon sind wir dem Schatz ganz nah!

(Krieger)

Sind wir dann dort angekommen,
geht's schon los,
buddeln Löcher, darin sind wir eh
ganz groß!

(Krieger – seitlich aufgedreht)

Viele Löcher sind's im Nu –
holla – was strahlt mir denn da zu?

(Krieger – seitlich aufgedreht, Seitenwechsel)

Den größten Schatz hol ich heraus –
dann geht's mit der Beute schnell nach
Haus.

(Krieger)

Spiel: Schätze sammeln

Material: für jedes Kind: Teezange, Schraubglas, kleine Schätze (Perlen, Papierschnipsel, Schnur, kleiner Holzstab, Watte usw.)

Alle kleinen Gegenstände (Schätze) werden auf dem Tisch verteilt. Die Kinder bekommen eine Teezange und versuchen, mit der Teezange die Schätze einzusammeln und in das Glas zu transportieren. Diese Übung fördert die Griffkraft. Das Spiel kann auch mit einer Pinzette oder mit dem Pinzettengriff durchgeführt werden.

Neue Wege geh ich gern

Mitmachgedicht + Spiel

Alter	ab 3 Jahren
Übungen	Katze und Kuh – Überkreuz, Katze – Flankendehnung, Katze – Balance, Krieger, Schildkröte (aus Sonnengruß)
Das bewirkt's	Die Übungen dehnen, entspannen und kräftigen den Rücken, außerdem wird die Wirbelsäule mobilisiert und die Balance geschult.

Schildi Schildkröte geht gerne neue Wege. Mal entdeckt sie so einen neuen Weg im Wald, mal findet sie einen neuen Feldweg und manchmal geht sie einfach querfeldein – das macht unserer neugierigen Schildkröte am meisten Spaß. Auf so einen kleinen Ausflug möchte sie euch heute gerne mitnehmen:

Die Welt entdecken mag ich gern,
dafür ist mir kein Ort zu fern.

Ganz schnell lauf ich nach draußen raus –
voll Tatendrang verlass ich das Haus.
(Katze und Kuh – Überkreuz)

Schmale Wege mag ich sehr –
mach mich ganz schlank, schaut nur mal her!
(Katze – Flankendehnung)

Und muss ich auch mal wackeln mit dem Bein,
stell ich eine Hand ab – denn fallen muss nicht sein!
(Katze – Balance)

Wenn ich dann spazieren geh,
seh ich viele Wiesen und Wälder und auch mal
einen See.
(Krieger)

Den schönsten Fleck such ich mir dann raus,
dort ruh ich mich so gerne aus.
(Schildkröte)

Spiel: Knopfwege

Material: Kopiervorlage 3: Knopfwege, Knöpfe

Kopieren Sie die Vorlage oder malen Sie Muster auf großes Papier. Die Kinder legen mit verschiedenen Knöpfen die Linien nach. So wird der Pinzettengriff wie auch die Auge-Hand-Koordination geschult. Welche Muster fallen den Kindern noch ein, die sie gerne legen möchten?

Wenn ich ein Kätzlein wär

Mitmachgedicht

Alter	ab 3 Jahren
Übungen	Katze und Kuh – Überkreuz, Katze – Flankendehnung, Katze – Balance
Das bewirkt's	Hier wird der Rücken gedehnt und entspannt, die Balance geschult und dabei die Konzentration gefördert wie auch die beiden Gehirnhälften miteinander verknüpft.

Manchmal spiel ich, dass ich eine Katze wär,
denn die Bewegungen fallen mir nicht
schwer.

Ganz entspannt stell ich einen Fuß
vor den andern,
so kann ich als kleine Katze durch die
Welt wandern.
(Katze und Kuh – Überkreuz)

Schau mich mal links und auch mal rechts
um und staune sehr:
So viele schöne Blumen, Bäume und Tiere
sind hier!
(Katze – Flankendehnung)

Strecke mich der Sonne entgegen und
freue mich,
denn so fühl ich mich warm und kuschelig.
(Katze – Balance)

Ich genieße die Sonne auf meinem
Katzenpelz und finde zur Ruh,
(Katze – Balance, Seitenwechsel)
Entspannung gehört bei einer Katze
einfach dazu.
(Katze – Flankendehnung, Seitenwechsel).

Kraft tanken

Mitmachgedicht

Alter	ab 3 Jahren
Übungen	Liegende Acht, Krieger, Krieger – seitlich aufgedreht, Stütz, Stütz – seitlich aufgedreht
Das bewirkt's	Beide Gehirnhälften werden miteinander verknüpft, die Arm-, Bein- und Rückenmuskulatur wird gekräftigt und die Wirbelsäule flexibel gehalten.

Meine Gedanken bringe ich zur Ruh,
mit der liegenden Acht gelingt das im Nu.
(Liegende Acht)

Ich spür neue Kraft in meinen Beinen,
meine Kraft innen und außen werden sich vereinen.
(Krieger)

Wende mich dem Himmel zu,
neue Energie findest dort auch du.
(Krieger – seitlich aufgedreht)

Mein Rücken lässt mich vieles tragen,
ohne nach dem Sinn zu fragen.
(Stütz)

Deshalb will ich ihm gern Gutes tun,
und der Wirbelsäule auch – das mach ich nun.
(Stütz – seitlich aufgedreht)

Um neue Kraft zu tanken – da kenn ich mich aus,
reichen mein eigener Körper und ein paar Ideen aus.
(Stütz – seitlich aufgedreht, Seitenwechsel)

Windspiel

Mitmachgedicht + Kreatividee

Alter	ab 3 Jahren
Übungen	Krieger, Liegende Acht, Synchronzeichnen
Das bewirkt's	Mit diesen Übungen wird die Bein- und Rückenmuskulatur stabilisiert, die Handgelenke werden gelockert und entspannt sowie die Konzentration gefördert.

Der Wind umspielt heut mein Gesicht und zerzaust mein Haar,
das gefällt mir – ich find das wunderbar.
(Krieger)

Ich mag, wie frische Luft meine Lunge füllt
und im Sommer der warme Wind mich umhüllt.
(Liegende Acht)

Es ist toll, wie der Wind die Natur bewegt,
Blätter tanzen lässt und Wolken verschiebt.
(Synchronzeichnen)

Der Wind spielt mit mir und mit der Natur,
da spür ich Energie und Lebensfreude pur!
(Krieger)

Kreatividee: **Windspiel**

Material: Kopiervorlage 4: Windspiel, Papier, Schere, Buntstifte, evtl. bunte Glitzersteine und Bastelkleber, Nadel und Faden

Kopieren Sie das Windspiel für jedes Kind. Die Kinder schneiden die Spirale aus, malen sie an, bekleben diese evtl. noch mit bunten Glitzersteinen und ziehen mithilfe der Nadel einen Faden durch die Spitze des Windspiels – nun kann das eigene Windspiel fröhlich im Wind tanzen. Diese Bastelidee fördert die Feinmotorik, vor allem die Stifthaltung, das Schneiden und den Pinzettengriff.

Ich freu mich auf die Schule!

Mitmachgedicht

Alter	ab 5 Jahren
Übungen	Katze und Kuh – Überkreuz, Stütz, Stütz – seitlich aufgedreht
Das bewirkt's	Die Überkreuzbewegung verknüpft die linke mit der rechten Gehirnhälfte. Außerdem werden mit dieser Übungsfolge der Rücken und die Armmuskulatur gekräftigt.

Auf die Schule freu ich mich sehr,
deshalb müssen kräftige Arme und ein starker Rücken her!

Viel Sitzen gehört zur Schule dazu,
deshalb kräftige ich meinen Rücken mit dieser Übung im Nu.
(Katze und Kuh – Überkreuz)

Im Stütz werden Arme und Rücken ganz stark,
das ist gut, weil ich den Stift gerne sicher halten mag.
(Stütz)

Und weil ich die Herausforderung lieb,
mach ich die Übung wie ein Balancekönig.
(Stütz – seitlich aufgedreht)

Ostereier verstecken

Mitmachgedicht + Kreatividee

Alter	ab 3 Jahren
Übungen	Synchronzeichnen, Katze und Kuh – Überkreuz, Katze – Flankendehnung, Katze – Balance
Das bewirkt's	Die Übungen verbinden die rechte und die linke Gehirnhälfte, dehnen und entspannen den Rücken und die Wirbelsäule, halten die Wirbelsäule beweglich und fördern die Balance. Außerdem werden die Handgelenke gelockert sowie auch die Auge-Hand-Koordination geschult.

Schildi Schildkröte liebt Ostern! Sie findet es toll, Osternester im Gras zu suchen – aber viel mehr Spaß macht es ihr, selbst Ostereier zu verstecken. Deswegen nimmt sie uns heute mit zur großen Ostereieraktion.

Lasst uns alle Eier anmalen – bunt und schön,
nur die fröhlichsten Farben wollen wir sehn!

(Synchronzeichnen)

Dann wollen wir in den Garten gehn
und nach den schönsten Verstecken sehn.

(Katze und Kuh – Überkreuz)

Haben wir ein schönes Versteck entdeckt,
wird dort gleich ein Ei versteckt.

(Katze – Flankendehnung)

Oh das wird ein Riesenspaß –
in unseren Verstecken findet jeder was!

(Katze – Balance)

Kreatividee: **Ostereier anmalen**

Material: hart gekochte Eier oder Holzeier, bunte Filzstifte entsprechend der Anzahl der Kinder

Jedes Kind bekommt ein hart gekochtes Ei oder ein Ei aus Holz und darf dieses mit den Filzstiften bunt anmalen – gern mit Muster. Diese Übung fördert die Feinmotorik und die korrekte Stifthaltung.

Eine Bootsfahrt

Mitmachgedicht + Spiel

Alter	ab 3 Jahren
Übungen	Liegende Acht, Synchronzeichnen, Armaktivierung, Krieger
Das bewirkt's	Die Übungen verbinden die rechte und die linke Gehirnhälfte, lockern das Handgelenk, die Schulter- und Armmuskeln werden gestärkt und die Aufmerksamkeitsspanne verlängert. Außerdem wird die Auge-Hand-Koordination geschult.

Auf dem Meer, da ist was los:
Wellen gibt's hier riesengroß!
(Liegende Acht)

Fische schwimmen schnell vorbei –
hoppla – war das ein Hai?
(Synchronzeichnen)

Da, dort kann ich den Leuchtturm sehn,
auf die Insel will ich gehn!
(Armaktivierung)

Volle Kraft voraus,
bei der schönen Insel steigen wir dann aus!
(Krieger)

Spiel: Bootsrennen

Material: 1 Flaschendeckel und 3 kleine Perlen für jedes Kind

Jedes Kind erhält einen Flaschendeckel und 3 kleine Perlen, die in den Deckel gelegt werden. Die Kinder knien sich dann in einer Reihe auf den Boden und legen den Deckel vor sich ab. Der Deckel ist das kleine Boot, die Perlen sind die Mannschaft, die bei der wilden Fahrt nicht verloren gehen darf.
In der ersten Runde schieben die Kinder das Boot vorsichtig mit einem Finger bis zum Ende des Raumes. In der zweiten Runde schnipsen sie das Boot vorsichtig bis ans Ende. In der dritten Runde pusten sie das Boot bis zum Ende des Raumes. Wer dabei ein Crewmitglied verliert, muss wieder am Anfang beginnen.

Wolken zeichnen

Mitmachgedicht

Alter	ab 3 Jahren
Übungen	Synchronzeichnen, Armaktivierung, Liegende Acht
Das bewirkt's	Beide Gehirnhälften werden miteinander verknüpft, die Handgelenke gelockert und die Konzentration gesteigert.

Wenn ich in den Himmel schau,
seh ich oft unendliches Blau.

Weiße Wölkchen zieren den Himmel fein,
manche sind groß und dick, andere ganz klein.
(Synchronzeichnen)

Manchmal pustet ein leichter Wind sie fort,
(pusten)
manchmal bleiben sie aber auch an einem festen Ort.
(Armaktivierung)

Es entstehen immer wieder neue Wolkenbilder,
Schlösser, Pferde, Hummeln finden alle Kinder.
(Liegende Acht)

Schau ich in den Himmel, entspann ich sehr,
an manchen Tagen braucht es zum Wohlfühlen nicht mehr.

Ich back dir einen Kuchen

Mitmachgedicht

Alter	ab 3 Jahren
Übungen	Synchronzeichnen, Liegende Acht, Armaktivierung
Das bewirkt's	Beide Gehirnhälften werden miteinander verknüpft, die Handgelenke gelockert und die Konzentration gesteigert.

Eine Schüssel hol ich mir,
dann back ich einen leckeren Kuchen und schenk ihn dir!

Eier, Mehl, Zucker und Butter, na klar,
so schmeckt mein Kuchen wunderbar!
(Synchronzeichnen)

Das Backpulver und etwas Schokolade müssen mit rein,
dann wird der Teig besonders fein.
(Liegende Acht)

Mit dem Rührgerät ganz schnell,
wird jeder Teig vermischt, egal ob dunkel oder hell.
(Armaktivierung)

Nach dem Backen lass ihn dir schmecken,
wirst dir bestimmt die Finger danach lecken.
(Armaktivierung, Seitenwechsel)

Balancierspaß

Mitmachgedicht + Bewegungsidee

Alter	ab 3 Jahren
Übungen	Krieger, Krieger – seitlich aufgedreht, Stütz, Stütz – seitlich aufgedreht
Das bewirkt's	Hier werden die Rücken- und Armmuskeln gekräftigt und gedehnt. Außerdem wird die Balance trainiert und die Konzentration gefördert.

Heute mach ich mich auf den Weg,
und guck, was balanciermäßig so geht.
(Krieger)

Über Steine hüpf ich im Bach,
denn das macht Spaß,
und, richtig drübergehüpft,
werde ich auch nicht nass.
(Krieger – seitlich aufgedreht)

Manchmal wackelt es schon sehr,
doch dabei wird der Spaß nur mehr!
(Krieger – seitlich aufgedreht, Seitenwechsel)

Auch über runde Holzbalken führt mein Weg
mich manchmal lang,
komm, ich zeig dir, dass ich das schon kann!
(Stütz)

Beim Ballspiel weich ich geschickt aus,
den Dreh hab ich schon lange raus.
(Stütz – seitlich aufgedreht)

Und beim Fangspiel – welch eine Freude –
bekommt der Fänger mich nicht – so wie heute!
(Stütz – seitlich aufgedreht, Seitenwechsel)

Bewegungsidee: Balancierparcours

Material: unterschiedliche Bretter, große Steine, Seile, Kisten …

Um den Gleichgewichtssinn der Kinder zu fördern, bauen Sie gemeinsam mit (Natur-)Materialien einen Balancier- und Hindernisparcours auf. Das geht gut im Garten, aber auch im Gruppen- oder Bewegungsraum.

Omas Strickpulli

Mitmachgedicht + Kreatividee

Alter	ab 3 Jahren
Übungen	Armaktivierung, Liegende Acht, Synchronzeichnen
Das bewirkt's	Hier werden die Handgelenke gelockert und die beiden Gehirnhälften verbunden und die Aufmerksamkeitsspanne erhöht. Außerdem wird die Auge-Hand-Koordination gefördert.

Habt ihr schon mal von eurer Oma einen Strickpulli bekommen oder vielleicht selbst gestrickte Socken? Schildi Schildkröte will heute auch mit uns einen Strickpulli stricken.

Hol mal schnell die Wolle her –
Stricken ist doch gar nicht schwer!
(Laufbewegung und Nein-Bewegung mit Finger machen)

In beide Hände kommt eine Stricknadel rein,
erst rechte Hand,
(Armaktivierung rechts)
dann linke Hand,
(Armaktivierung links)
so wird der Pulli bestimmt fein!

Die Wolle wickeln wir drum herum,
wissen, wie's geht – sind ja nicht dumm.
(Liegende Acht)

Dann wird ganz schnell losgestrickt.
Mein Pulli wird der größte Hit!
(Synchronzeichnen)

Kreatividee: **Fingerstricken**

Material: Wolle

Zum Stricken und Häkeln braucht man nicht zwangsläufig Nadeln: Auch mit den Fingern klappt das ganz gut. Im Internet finden Sie viele Anleitungen – auch mit Videos –, wie man mit Fingern, Händen und Wolle ganz leicht stricken und häkeln kann.

Am Sternenhimmel

Mitmachgedicht

Alter	ab 3 Jahren
Übungen	Katze und Kuh – Überkreuz, Katze – Flankendehnung, Katze – Balance
Das bewirkt's	Beide Gehirnhälften werden miteinander verknüpft, der Rücken wird gedehnt und entspannt und die Wirbelsäule flexibel gehalten.

Am Abend strahlt der Himmel schön,
magische Sterne kannst du am Himmel sehn.
(Katze und Kuh – Überkreuz)

Den Krebs, den Löwen oder auch den Stier,
siehst du des Nachts am Himmel hier.
(Katze – Flankendehnung)

Steinbock, Zwillinge und Wassermann,
sieht man dem jeweiligen Sternbild an.
(Katze – Balance)

Mit Mauzi in den Schnee

Mitmachgedicht + Spiel

Alter	ab 3 Jahren
Übungen	Katze und Kuh – Überkreuz, Katze – Flankendehnung, Katze – Balance
Das bewirkt's	Mit diesen Übungen wird der Rücken gedehnt und gekräftigt und die Wirbelsäule beweglich gehalten.

Schildi Schildkröte hat eine Freundin – die kleine Katze Mauzi. Und mit Mauzi geht Schildi heute hinaus in den Schnee.

Heute Nacht hat es geschneit –
hurra, es ist bald Winterzeit!

Komm wir gehen in den Schnee hinaus,
verlassen mit Winterschuhen das Haus.
(Katze und Kuh – Überkreuz)

Einen Schneeball werf ich Mauzi zu
(Katze – Flankendehnung)
und sie fängt ihn – schau nur zu!
(Katze – Balance)

Dann wirft Mauzi ihren Ball
(Katze – Flankendehnung, Seitenwechsel)
und ich fang ihn – klarer Fall!
(Katze – Balance, Seitenwechsel)

Wenn uns kalt ist, gehen wir rein,
denn am gemütlichsten ist es daheim!

Spiel: Schneeballschlacht

Material: alte Zeitungen, Matte

Die Kinder formen aus Zeitungen Bälle. Dann werden die Kinder in zwei Gruppen aufgeteilt. Eine Gruppe sitzt auf der Matte – im Haus – die anderen Kinder sitzen drum herum – im Garten. Die äußere Gruppe bekommt die Zeitungskugeln (Schneebälle) und versucht, diese auf die Matte (das Haus) zu werfen. Die Kinder im Haus versuchen, die Schneebälle wieder in den Garten zu den anderen Kindern zu werfen. Legen Sie gemeinsam eine Dauer fest: Die Gruppe, die am Ende des Spiels weniger Schneebälle in ihrem Bereich hat, hat gewonnen.

Das Wettrennen

Mitmachgedicht

Alter	ab 3 Jahren
Übungen	Krieger, Armaktivierung, Katze und Kuh – Überkreuz
Das bewirkt's	Beide Gehirnhälften werden miteinander verknüpft, der Rücken entspannt und gedehnt sowie die Bein- und Armmuskulatur gekräftigt.

Heute möchte ich laufen wie der Wind,
weil meine Freunde beim Rennen dabei sind!

Wir stellen uns in einer Reihe auf,
gehen in den Krieger und richten das Knie dabei auf.
(Krieger)

Wir freuen uns schon alle – Rennen macht Spaß, das ist genial,
dann endlich ertönt das Startsignal!
(Armaktivierung)

Wir flitzen gemeinsam die Bahn entlang,
doch sind wir alle gleichauf – und landen auf dem gleichen Rang.
(Katze und Kuh – Überkreuz)

Und ob erster, zweiter oder dritter Platz – das ist uns gar nicht wichtig,
denn der Spaß ist alles, was zählt – den hatten wir richtig!

Wir fliegen ins All!

Mitmachgedicht + Kreatividee

Alter	ab 3 Jahren
Übungen	Stütz, Stütz – seitlich aufgedreht, Katze und Kuh – Überkreuz, Katze – Flankendehnung, Katze – Balance
Das bewirkt's	Mit diesen Übungen wird der Rücken gedehnt und gekräftigt und die Wirbelsäule beweglich gehalten. Außerdem wird die Schulter- und Armmuskulatur gekräftigt.

Lasst uns die Rakete starten –
ich freue mich auf die Planeten aller Arten.
(Stütz)

Am Merkur fliegen wir zuerst vorbei,
Venus ist dann Planet Nummer zwei.
(Stütz – seitlich aufgedreht)

Die Erde kennen wir sehr gut, na klar,
ist ja unsere Heimat – wie wunderbar!
(Katze und Kuh – Überkreuz)

Der Mars kommt dann als Nächstes dran,
Jupiter kommt auch noch irgendwann.
(Katze – Flankendehnung)

Der Saturn mit Ring und dann
ist auch schon Uranus bald dran.
(Katze – Balance)

Und der Neptun macht den Schluss,
das passt, weil ich jetzt nach Hause muss.
(Stütz)

In meinen Träumen kann ich die Planeten sehn,
und jede Nacht auf neue Raketenreise gehn!

Kreatividee: Planeten kneten

Material: Knete in vielen verschiedenen Farben

Die Kinder kneten ihren eigenen Fantasieplaneten. Wie sieht er aus? Was macht ihn besonders? Lebt vielleicht auch was drauf? Diese Übung fördert die Feinmotorik und regt die Fantasie an.

Schildis Blumengarten

Mitmachgedicht

Alter	ab 3 Jahren
Übungen	Krieger, Krieger – seitlich aufgedreht, Katze und Kuh – Überkreuz, Armaktivierung
Das bewirkt's	Beide Gehirnhälften werden miteinander verknüpft und die Konzentration gefördert. Außerdem wird die Rückenmuskulatur gestärkt und entspannt.

Gerne schau ich mich im Garten um,
mit seinen vielen Blumen drum herum.
(Krieger)

Meine Blumen brauchen Wasser und Sonnenlicht,
denn anders wachsen sie natürlich nicht.
(Krieger – seitlich aufgedreht)

Mit einer Schaufel grab ich Löcher – recht klein,
und setze die Saatkörner und Pflanzen ein.
(Katze und Kuh – Überkreuz)

Und dann, nach ein paar Tagen, wie fein,
seh ich das erste Pflanzenköpfchen klitzeklein.
(Armaktivierung)

Schwimmen gehen

Mitmachgedicht

Alter	ab 3 Jahren
Übungen	Krieger, Stütz, Stütz – seitlich aufgedreht
Das bewirkt's	Diese Übungen kräftigen die Arm-, Bein- und Rückenmuskeln. Die Wirbelsäule wird außerdem mobilisiert und die Balance gefördert.

Ins Schwimmbad geh ich immer gern,
denn da ist Langeweile fern.
(Krieger)

Fröhlich schwimm ich meine Bahnen,
wie viel ich schaff, kann ich nur ahnen!
(Stütz)

Manchmal muss ich wenden oder weichen,
doch ich bin schnell, es wird gut reichen.
(Stütz – seitlich aufgedreht)

Und auch das Planschen und Toben kommt dran,
oft fängt der Spaß dann erst richtig an!
(Stütz – seitlich aufgedreht, Seitenwechsel)

Und geht es dann am Abend nach Haus,
seh ich glücklich und zufrieden aus!
(Krieger, Seitenwechsel)

Brücken bauen

Mitmachgedicht + Spiel

Alter	ab 3 Jahren
Übungen	Katze und Kuh – Überkreuz, Stütz, Stütz – seitlich aufgedreht, Synchronzeichnen
Das bewirkt's	Die Übungen dehnen, entspannen und kräftigen den Rücken, außerdem wird die Wirbelsäule mobilisiert. Zusätzlich wird noch die Auge-Hand-Koordination gefördert.

Schildi ist eine neugierige Schildkröte. Auf ihren Entdeckungsreisen kommt sie über Felder und Wälder, Wiesen und Äcker. Ab und zu muss sie dafür auch Flüsse oder Bäche überqueren. Oft findet sie dort eine Brücke, doch manchmal auch nicht. Deshalb ist es gut, dass unsere Schildi sich zu helfen weiß.

Einen Baum, den brauchen wir,
schnell gefällt liegt er schon hier.
(Katze und Kuh – Überkreuz)

Brett an Brett nageln wir fest,
(Stütz)
für das Geländer nehmen wir den Rest.
(Stütz – seitlich aufgedreht)

Über die Brücke können wir dann gehen,
und die Wunder der Natur weiter besehen.
(Katze und Kuh – Überkreuz, Seitenwechsel)

Gehen wir auf der Brücke zurück,
(Stütz)
ist das Geländer ein wahres Glück.
(Stütz – seitlich aufgedreht, Seitenwechsel)

Zu Hause malen wir schöne Bilder – was haben
wir alles gesehn!
So kann das Erlebte niemals vergehn.
(Synchronzeichnen)

Spiel: Wattestäbchenmuster

Material: Kopiervorlage 5: Wattestäbchenmuster, Wattestäbchen (alternativ: Streichhölzer, kleine Äste, Mikado-Stäbe, Stifte …)

Die Kinder legen mit den Wattestäbchen die Formen von der Vorlage nach. So wird sowohl der Pinzettengriff als auch die Auge-Hand-Koordination geschult. Die Kinder können sich auch gegenseitig Muster legen: Ein Kind legt eine Vorlage, ein anderes Kind baut das Muster nach.

Meine Stifte lieb ich sehr

Mitmachgedicht

Alter	ab 3 Jahren
Übungen	Armaktivierung, Synchronzeichnen, Liegende Acht
Das bewirkt's	Beide Gehirnhälften werden miteinander verknüpft, die Handgelenke gelockert und die Konzentration gesteigert.

Meine Stifte lieb ich sehr,
und geb sie gar nicht gerne her.
(Armaktivierung)

Doch mit dir teil ich sie gern, und freue mich,
denn deine Stifte bekomm dann ich.
(Armaktivierung, Seitenwechsel)

Mit den Stiften kenne ich mich aus:
male damit Blumen, Bäume oder auch mal ein Haus.
(Synchronzeichnen)

Kreise und Schleifen gehören dazu,
ein schönes Bild entsteht im Nu.
(Liegende Acht)

Ob deine oder meine Stifte – ganz egal!
Legen wir sie zusammen, haben wir immer die Wahl!

Blitzblank soll das Fenster sein

Mitmachgedicht

Alter	ab 3 Jahren
Übungen	Synchronzeichnen, Liegende Acht, Krieger
Das bewirkt's	Beide Gehirnhälften werden miteinander verknüpft, die Handgelenke gelockert und die Konzentration gesteigert. Außerdem werden die Beinmuskeln trainiert.

Blitzeblank, das wäre fein,
ganz sauber soll mein Fenster sein.

Mit meinem Tuch kümmer ich mich um den Dreck,
ruckzuck, ist er weg!
(Synchronzeichnen)

Dann polier ich hinterher,
keinen einzigen Streifen sieht man mehr!
(Liegende Acht)

Aus dem Fenster schau ich gerne –
sehe dann ganz weit in die Ferne.
(Krieger)

Träume von neuen Abenteuern und Helden,
von hier aus tauch ich tief in andere Welten.
(Krieger, Seitenwechsel)

Schöne Welt

Mitmachgedicht

Alter ab 3 Jahren

Übungen Krieger, Krieger – seitlich aufgedreht, Stütz, Stütz – seitlich aufgedreht, Synchronzeichnen

Das bewirkt's Diese Übungen kräftigen und mobilisieren die Wirbelsäule und die Arme, außerdem werden die Handgelenke gelockert und die Auge-Hand-Koordination verbessert.

Wenn ich auf einem schönen Berg stehe,
staune ich über das, was ich da sehe:
(Krieger)

Bäume und Wälder grün und schön,
dort werde ich auch mal spazieren gehn.
(Krieger – seitlich aufgedreht)

Äcker und Felder weit und groß,
hier fällt einem die Ernte im Herbst in den Schoß.
(Krieger – seitlich aufgedreht, Seitenwechsel)

Seen und Flüsse kann ich auch noch sehn,
dort werd ich im Sommer baden gehn.
(Stütz)

Alles umrahmt von schönen Gräsern und Blumen –
wie fein,
den schönsten Strauß nenn ich dann mein!
(Stütz – seitlich aufgedreht)

Häuser der Dörfer und Städte
finden auch noch Platz,
auf unserer Erde – dem kostbaren Schatz.
(Stütz – seitlich aufgedreht, Seitenwechsel)

Bilder und Fotos kann man davon viele sehn,
doch am schönsten ist es immer noch,
sich alles in echt anzusehn.
(Synchronzeichnen)

Seifenblasenpusten

Mitmachgedicht + Spiel

Alter	ab 3 Jahren
Übungen	Katze und Kuh – Überkreuz, Katze – Flankendehnung, Katze – Balance
Das bewirkt's	Diese Übungen kräftigen und entspannen die Rückenmuskulatur und die seitliche Muskulatur, fördern die Balance und die Konzentration.

Seifenblasen machen Spaß,
das kann ich gut, werd gar nicht nass.
(Katze und Kuh – Überkreuz)

Puste sie in die Luft, dort tanzen sie,
landen mal auf meinem Kopf oder auf dem Knie.
(Katze – Flankendehnung)

Ich versuche, sie schon ganz oben zu fangen,
meine Armlänge könnte dafür schon langen.
(Katze – Balance)

Manchmal treffen sie auch meine Nasenspitze,
das genieße ich – besonders bei Hitze.
(Katze – Flankendehnung, Seitenwechsel)

Hab ich dann alle erwischt, na klar,
dann bin ich der Seifenblasenfänger-Star!
(Katze – Balance, Seitenwechsel)

Spiel: Seifenblasenklatschen

Material: Seifenblasen, Fliegenklatsche

Sie pusten Seifenblasen und die Kinder versuchen, diese mit einer Fliegenklatsche zu fangen. Alternativ können die Seifenblasen auch mit der Hand, Fingerspitze, Nase, dem Po, Bauch … gefangen werden.

Bei Kerzenlicht

Mitmachgedicht

Alter	ab 3 Jahren
Übungen	Stütz, Stütz – seitlich aufgedreht, Armaktivierung
Das bewirkt's	Hier werden die Rücken- und Armmuskeln gekräftigt, außerdem wird der Schulter-Nacken-Bereich entspannt und die Konzentration gefördert.

In der dunklen Jahreszeit,
halte ich gern eine Kerze bereit.
(Stütz)

Mit ihrem hellen Kerzenlicht,
erhellt sie jeden Raum, aber auch mein Gesicht.
(Stütz – seitlich aufgedreht)

Auch bei dir kommt die helle Freude an,
das ist etwas, was nur eine Kerze kann.
(Stütz – seitlich aufgedreht, Seitenwechsel)

Drum lass ich sie strahlen, wann immer es geht, und freue mich sehr:
Meine Kerze bringt Wärme, Licht und Freude daher.
(Armaktivierung)

Blättertanz

Mitmachgedicht

Alter	ab 3 Jahren
Übungen	Armaktivierung, Synchronzeichnen, Liegende Acht
Das bewirkt's	Hier werden die Handgelenke gelockert und die Auge-Hand-Koordination verbessert. Zudem werden die beiden Gehirnhälften miteinander verknüpft und die Konzentration gefördert.

Der Wind rüttelt an den Blättern – wie fein,
jetzt möchte ich gerne ein Blatt davon sein!

(Armaktivierung)

Mal sanft, mal wild löst der Wind die Blätter vom Baum,
wie sie herumgleiten, dabei kann ich gut zuschaun.

(Synchronzeichnen)

Dem Boden gleiten sie sacht entgegen
und wollen sich dann dort ablegen.

(Liegende Acht)

Doch reicht oft schon ein sanfter Windhauch und dann,
fängt alles wieder von vorne an!

(Armaktivierung, Seitenwechsel)

Muster malen

Mitmachgedicht + Kreatividee

Alter	ab 3 Jahren
Übungen	Liegende Acht, Synchronzeichnen
Das bewirkt's	Die Handgelenke werden gelockert und beide Gehirnhälften miteinander verknüpft. Außerdem wird die Auge-Hand-Koordination geschult und die Konzentration gefördert.

Ganz schnell hole ich Papier hierher,
denn ohne fällt das Malen schwer.
Meinen Lieblingsstift hab ich und nun
gibt es für mich einiges zu tun.

Schlangenlinien mal ich gerne und auch viel,
denn Muster, die sind heut mein Ziel.
(Liegende Acht)

Egal, ob eckig oder rund,
Hauptsache viele und ganz bunt.
(Synchronzeichnen)

Muster lieb ich wirklich sehr,
da können ganz viele auf mein Blatt her.
(Liegende Acht)

Am liebsten hätt ich einen bunten Schildi-Panzer an,
an dem mich jeder gut erkennen kann.
(Synchronzeichnen)

Und wenn ich buntgemustert durch
die Welt spaziere,
sehn mich alle gleich, ich geh auf allen vieren.
(Vierfüßlerstand)

Kreatividee: **Bunter Schildipanzer**

Material: Kopiervorlage 6: Musterpanzer, Buntstifte, Schere

Kopieren Sie die Vorlagen für die Kinder: Schildi hat je ein Muster auf dem Panzer, das die Kinder mit Buntstiften nachspuren. Im Anschluss kann Schildi dann noch ausgeschnitten werden und somit die Motorik zusätzlich gefördert werden.

Bücher lieb ich sehr

Mitmachgedicht

Alter	ab 5 Jahren
Übungen	Synchronzeichnen, Liegende Acht, Armaktivierung
Das bewirkt's	Die Handgelenke werden gelockert und beide Gehirnhälften miteinander verknüpft. Außerdem wird die Auge-Hand-Koordination geschult und die Konzentration gefördert.

Ich lese gern in einem Buch,
das macht Spaß und auch noch klug!
(Synchronzeichnen)

Durch die Geschichten erfahre ich viel,
das ist super, denn Lernen ist mein Ziel.
(Liegende Acht)

Und weil ich mir so viel merken kann,
komm ich später in der Schule dann auch oft dran!
(Armaktivierung)

Im Labyrinth

Mitmachgedicht + Kreatividee

Alter	ab 3 Jahren
Übungen	Katze und Kuh – Überkreuz, Katze – Flankendehnung, Katze – Balance
Das bewirkt's	Die Wirbelsäule wird mobilisiert und es werden die Rücken- und Armmuskeln gekräftigt und gedehnt. Außerdem wird die Balance trainiert und die Konzentration gefördert.

Ins Labyrinth geh ich ganz gern,
da bleibt die Langeweile fern.
(Katze und Kuh – Überkreuz)

Mal geht es links, mal rechts und dann geradeaus,
nicht jeder Weg führt wieder raus.
(Katze – Flankendehnung)

Doch mit Ruhe und Bedacht,
ist dieses Rätsel leicht gemacht!
(Katze – Balance)

Und flott finde ich dann wieder heraus
und gehe zufrieden nach Haus.
(Katze und Kuh – Überkreuz)

Kreatividee: Schildis Weg zu den Leckereien

Material: Kopiervorlage 7: Schildi im Labyrinth, Stifte

Die Kinder versuchen, für Schildi den Weg durch das Labyrinth zu finden und spuren diesen nach. Dadurch werden die Auge-Hand-Koordination sowie auch die Stifthaltung gefördert.

Schleifen binden

Mitmachgedicht + Spiel

Alter	ab 3 Jahren
Übungen	Synchronzeichnen, Liegende Acht, Armaktivierung
Das bewirkt's	Mit diesem Mitmachgedicht werden die beiden Gehirnhälften verknüpft, der Gedankenstrom beruhigt, die Konzentration gefördert und außerdem die Handgelenke gelockert.

Schleife binden macht mir Spaß –
vielleicht ist das auch für dich was?

Die Hände lockere ich und entspanne sie,
bevor ich an dem Schnürsenkel zieh.
(Synchronzeichnen)

Schleife links und Schleife rechts –
ganz leicht gemacht,
ist viel einfacher als anfangs gedacht.
(Liegende Acht)

Noch einmal kräftig ziehn und dann
hab ich perfekt gebundene Schuhe an!
(Armaktivierung)

Spiel: Schuhe binden

Material: Kopiervorlage 8: Schuhe binden, bunter Tonkarton, 2 breite Bänder pro Vorlage, Schere oder Stanzer

Kopieren oder übertragen Sie die Vorlage auf buntem Tonkarton und bohren Sie mit einer Schere die Löcher für die Schnürsenkel vor. Fädeln Sie in jeden Schuh einen Schnürsenkel. Die Kinder können dann das Schleifenbinden üben. Dadurch wird die Feinmotorik gefördert.

Künstlerzeit

Mitmachgedicht

Alter	ab 3 Jahren
Übungen	Armaktivierung, Synchronzeichnen, Liegende Acht
Das bewirkt's	Beide Gehirnhälften werden miteinander verknüpft, die Handgelenke gelockert und die Konzentration gesteigert.

In die Hand nehm ich den Pinsel, den feinen,
damit malt sichs ganz leicht – die großen
Dinge und die ganz kleinen.

(Armaktivierung)

Mit Schwung geht's ab auf dem Papier,
zeichne Kreise,
Formen und schöne Blumen hier.

(Synchronzeichnen)

Geht auch mal etwas daneben,
bin ich ganz Künstler und sag:
Damit kann ich gut leben!

(Liegende Acht)

Und ist mein Werk dann fertig gemacht,
wird es ganz schnell an der Wand
angebracht!

(Armaktivierung, Seitenwechsel)

Der Schlangentanz

Mitmachgedicht

Alter	ab 3 Jahren
Übungen	Krieger, Stütz, Stütz – seitlich aufgedreht, Synchronzeichnen
Das bewirkt's	Die Handgelenke werden gelockert und beide Gehirnhälften miteinander verknüpft, die Rücken- und Armmuskulatur wird gestärkt und die Wirbelsäule mobilisiert.

Aus dem Korb schaut sie heraus:
Ihr Köpfchen sieht ganz nackig aus.
(Krieger)

Ganz lang macht sich die Schlange dann
und schaut sich alles genau an.
(Stütz)

Dreht ihren Kopf zu beiden Seiten gleich
und betrachtet lang ihr Schlangenreich.
(Stütz – seitlich aufgedreht, beide Seiten)

Kommen dann die ersten Töne aus der
Flöte ganz fein,
tanzt die Schlange und lädt uns zum
Mitmachen ein.
(Synchronzeichnen)

Malen mit Hand und Fuß

Mitmachgedicht + Kreatividee

Alter	ab 3 Jahren
Übungen	Katze und Kuh – Überkreuz, Katze – Flankendehnung, Katze – Balance
Das bewirkt's	Mit diesen Übungen wird die seitliche Rückenmuskulatur gedehnt und der Rücken gekräftigt und entspannt. Außerdem wird die Balance gefördert.

Papier und Farbe hol ich mir,
ein tolles Bild zauber ich dir.
(Katze und Kuh – Überkreuz)

Als Farben wähl ich Grün und Blau und Rot und Gelb,
und fange an mit meiner bunten Welt.
(Katze – Flankendehnung)

Ich tupfe hier und male da,
mit Hand und Fuß – trallala!
(Katze – Balance)

Kreatividee: Tupfenbild

Material: Kopiervorlage 9: Tupfenbild, Wasserfarben, Wattestäbchen

Jedes Kind erhält eine Vorlage, die es bunt gestalten darf – aber nicht mit Pinseln oder Fingern, sondern das Bild wird mit Wattestäbchen getupft. Das fördert den Pinzettengriff.

Fische im Meer

Mitmachgedicht

Alter	ab 3 Jahren
Übungen	Synchronzeichnen, Liegende Acht
Das bewirkt's	Hier werden die Handgelenke gelockert und entspannt sowie die Konzentration gefördert. Außerdem werden beide Gehirnhälften miteinander verknüpft.

Fröhlich schwimmen die Fische im Meer,
schwimmen hin und schwimmen her.
(Synchronzeichnen)

Mal alleine, klein und fein,
mal als Schwarm, der groß will sein.
(Liegende Acht)

Bunt schillern die Schuppen im Sonnenlicht,
bunt und schön – fast glaubt man es nicht.
(Synchronzeichnen)

Wenn ich mit ihnen im Meer abtauch,
schwimm ich mit ihnen und genieße es auch!
(Liegende Acht)

Nach einer langen Autofahrt

Mitmachgedicht

Alter	ab 3 Jahren
Übungen	Katze und Kuh – Überkreuz, Katze – Flankendehnung, Katze – Balance
Das bewirkt's	Diese Übungen verknüpfen beide Gehirnhälften miteinander und stärken und dehnen den Rücken und die seitliche Rückenmuskulatur. Außerdem werden Balance und Konzentration gefördert.

Nach einer langen Fahrt im Auto, na klar,
ist Bewegung im Anschluss ganz wunderbar!

(Katze und Kuh – Überkreuz)

Zur Seite dehne ich mich geschwind,
das geht ganz leicht, kann jedes Kind.

(Katze – Flankendehnung)

Dann streck ich mich der Sonne entgegen,
diese Übung kommt mir ganz gelegen.

(Katze – Balance)

Die andere Seite möchte auch mitmachen,
Bewegung macht Spaß und bringt mich zum Lachen.

(Katze – Flankendehnung, Seitenwechsel)

Noch einmal ganz lang strecken
und alle Lebensgeister wecken.

(Katze – Balance, Seitenwechsel)

Recken und Strecken das ist ganz fein,
und muss nach langem Sitzen einfach sein!

(Katze und Kuh – Überkreuz)

Plätzchen backen

Mitmachgedicht

Alter	ab 3 Jahren
Übungen	Armaktivierung, Synchronzeichnen, Liegende Acht
Das bewirkt's	Hier werden die Handgelenke gelockert und entspannt sowie die Konzentration gefördert. Außerdem werden beide Gehirnhälften miteinander verknüpft und aufs Lernen vorbereitet.

Ich lieb Plätzchen wirklich sehr,
deshalb müssen immer neue Rezepte her!
(Armaktivierung)

Alle Zutaten in die Schüssel und dann
ist auch schon das Kneten dran.
(Synchronzeichnen)

Nach der Ruhephase im Kühlschrank geht's weiter,
ausrollen und ausstechen – das stimmt mich heiter.
(Liegende Acht)

Nach den Streuseln kommt zum Schluss
das Probieren – welch ein Genuss!
(Armaktivierung, Seitenwechsel)

Schneeflocken sammeln

Mitmachgedicht + Kreatividee

Alter	ab 3 Jahren
Übungen	Liegende Acht, Armaktivierung, Stütz, Stütz – seitlich aufgedreht
Das bewirkt's	Die Übungen verbinden die rechte und die linke Gehirnhälfte, lockern das Handgelenk, stärken den Rücken und die Arme und halten die Wirbelsäule beweglich. Außerdem werden die Schulter- und Armmuskeln gestärkt und die Aufmerksamkeitsspanne verlängert.

Im Winter liebt Schildi den Schnee! Fröhlich tanzen die Schneeflocken in der Luft und jede sieht einzigartig aus. Kommen die Schneeflocken dann ins Warme, schmelzen sie und werden zu Wasser. Heute möchte Schildi Schildkröte mit uns durch die Schneeflocken tanzen.

Kleine, weiße Flocken tanzen leise hin und her,
fallen sanft herab – sind ja gar nicht schwer.
(Liegende Acht)

Versuch ich eine Schneeflocke zu fangen,
streck ich meinen Arm – es wird schon langen!
(Armaktivierung)

Jede Flocke sieht anders aus, keine ist gleich,
wohl ist sie kalt, doch dabei ganz weich.
(Armaktivierung, Seitenwechsel)

Um sie vor dem Schmelzen zu schützen,
bilde ich ein Dach,
und mache mich dabei ganz flach.
(Stütz)

Doch wenn die Sonne weiter scheint,
werden die Schneeflocken zu Wasser vereint.
(Stütz – seitlich aufgedreht)

Im nächsten Winter dann,
fängt der Schneetanz von vorne an.
(Liegende Acht)

Kreatividee: Schneeflockenkette

Material: Popcorn, Nadel, Faden

Bereiten Sie Popcorn vor – das sind die Schneeflocken. Jedes Kind bekommt Nadel und Faden und dann kann es auch schon losgehen: Mit der Nadel fädeln die Kinder Popcorn auf den Faden, bis eine lange Popcornschlange entsteht. So werden der Pinzettengriff wie auch die Auge-Hand-Koordination geschult. Die Popcornschlangen können im Gruppenraum aufgehängt oder natürlich genascht werden!

Kopiervorlagen

Schnittmuster für Schildi Schildkröte

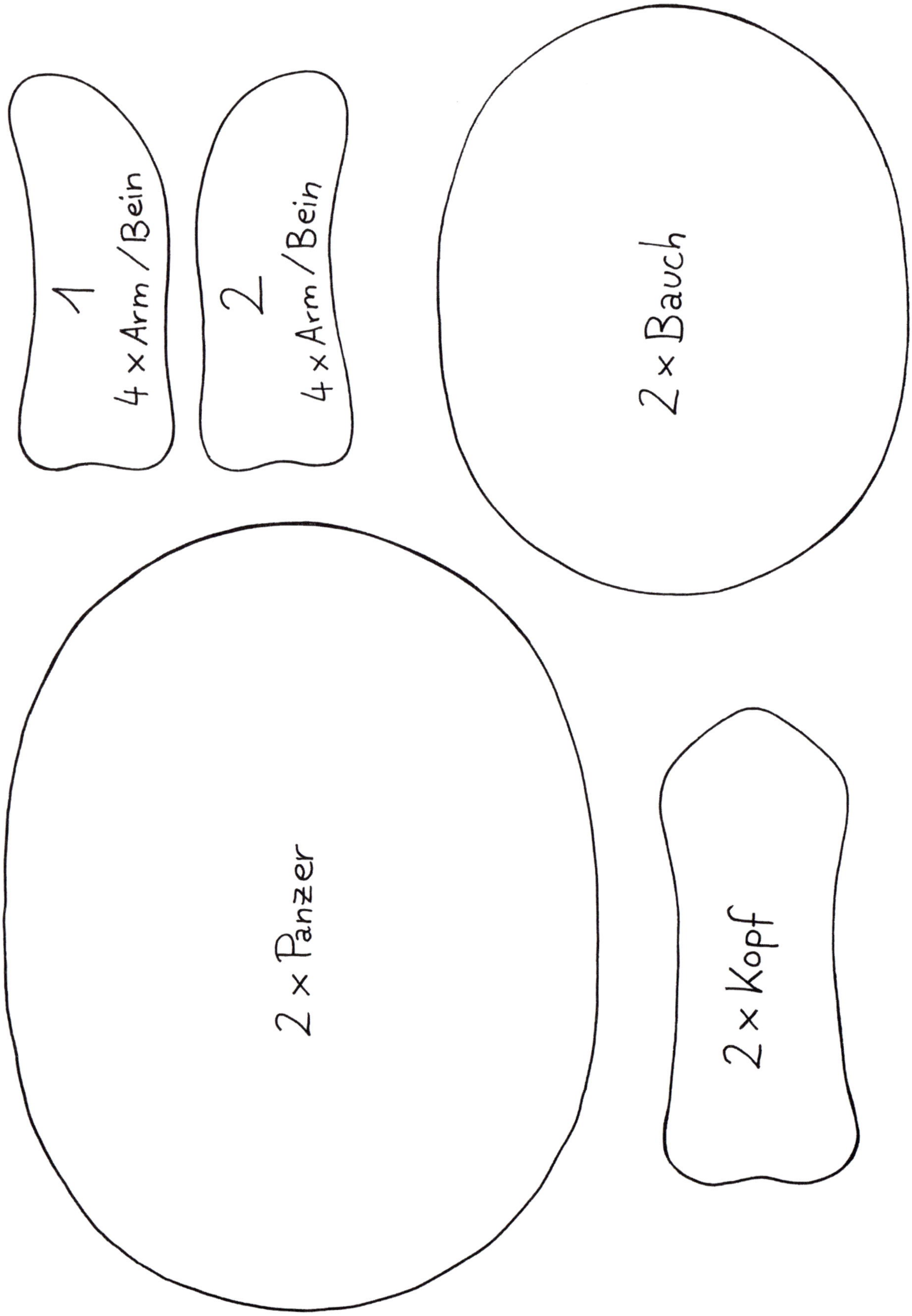

Nähanleitung Schildi Schildkröte

Material

Verschiedene Stoffreste (Panzer: 2 × 16 cm × 20 cm, Bauch: 2 × 14 cm × 16 cm, Kopf: 2 × 14 cm × 8 cm, Arme/Beine: 8 × 7 cm × 12 cm), Nadel/Nähmaschine, Kreide, Stecknadeln, Schere, Nähgarn, Füllmaterial, Wackelaugen oder wasserfester Stift

Schneiden Sie die Einzelteile der Kopiervorlage mit Nahtzugabe (ca. 1 cm) aus, übertragen Sie diese auf den Stoff und schneiden Sie die einzelnen Teile zu.

Legen Sie die beiden Teile für den Kopf rechts auf rechts und nähen Sie sie zusammen. Nehmen Sie für jeden Arm bzw. jedes Bein je ein Schnittteil Arm/Bein 1 und Arm/Bein 2. Legen Sie die beiden Teile ebenfalls rechts auf rechts und nähen Sie sie zusammen. Wiederholen Sie diesen Vorgang noch bei den anderen drei Armen/Beinen.
Lassen Sie sowohl bei den Armen/Beinen als auch beim Kopf unten eine Öffnung zum Wenden. Füllen Sie nach dem Wenden alles mit etwa 2/3 Füllmaterial.

Nähen Sie die beiden Teile für den Bauch rechts auf rechts zusammen. Lassen Sie eine kleine Wendeöffnung. Nach dem Wenden stopfen Sie den Bauch leicht aus. Sie können die Öffnung entweder von Hand mit ein paar Stichen schließen oder Sie warten bis die Arme und der Kopf festgesteckt sind und steppen dann alles einmal rundherum ab.

Stecken Sie die Arme/Beine und den Kopf sternförmig am Bauch fest. Legen Sie das Ganze mittig auf die Panzerunterseite, sodass die Enden der Gliedmaßen zwischen Bauch und Panzer versteckt sind und stecken Sie sie fest. Achten Sie darauf, dass die bedruckte Seite des Panzers dabei zu sehen ist. Steppen Sie alles einmal rundherum ab.

Klappen Sie den Kopf und die Arme/Beine nach innen. Legen Sie die Panzeroberseite mit der rechten Seite nach unten auf die Schildkröte und stecken Sie sie fest. Lassen Sie hier beim Nähen eine etwas größere Wendeöffnung.
Stopfen Sie, nach dem Wenden, den Panzer aus. Auch hier können Sie die Öffnung entweder von Hand mit ein paar Stichen schließen oder Sie steppen alles einmal rundherum ab.
Dann noch die Augen aufmalen – fertig!

Tipps

Als Füllung eignen sich – neben der klassischen Füllwatte – auch Kirschkerne (um warm gemacht zu werden) oder Lavendel (zum Entspannen und besseren Einschlafen).
Setzen Sie die Panzeroberseite aus verschiedenen Stoffen zusammen. Das gibt eine interessante Optik.
Achten Sie auf ein sauberes Umnähen, damit die Nähte nicht aufgehen!

Knopfwege

Windspiel

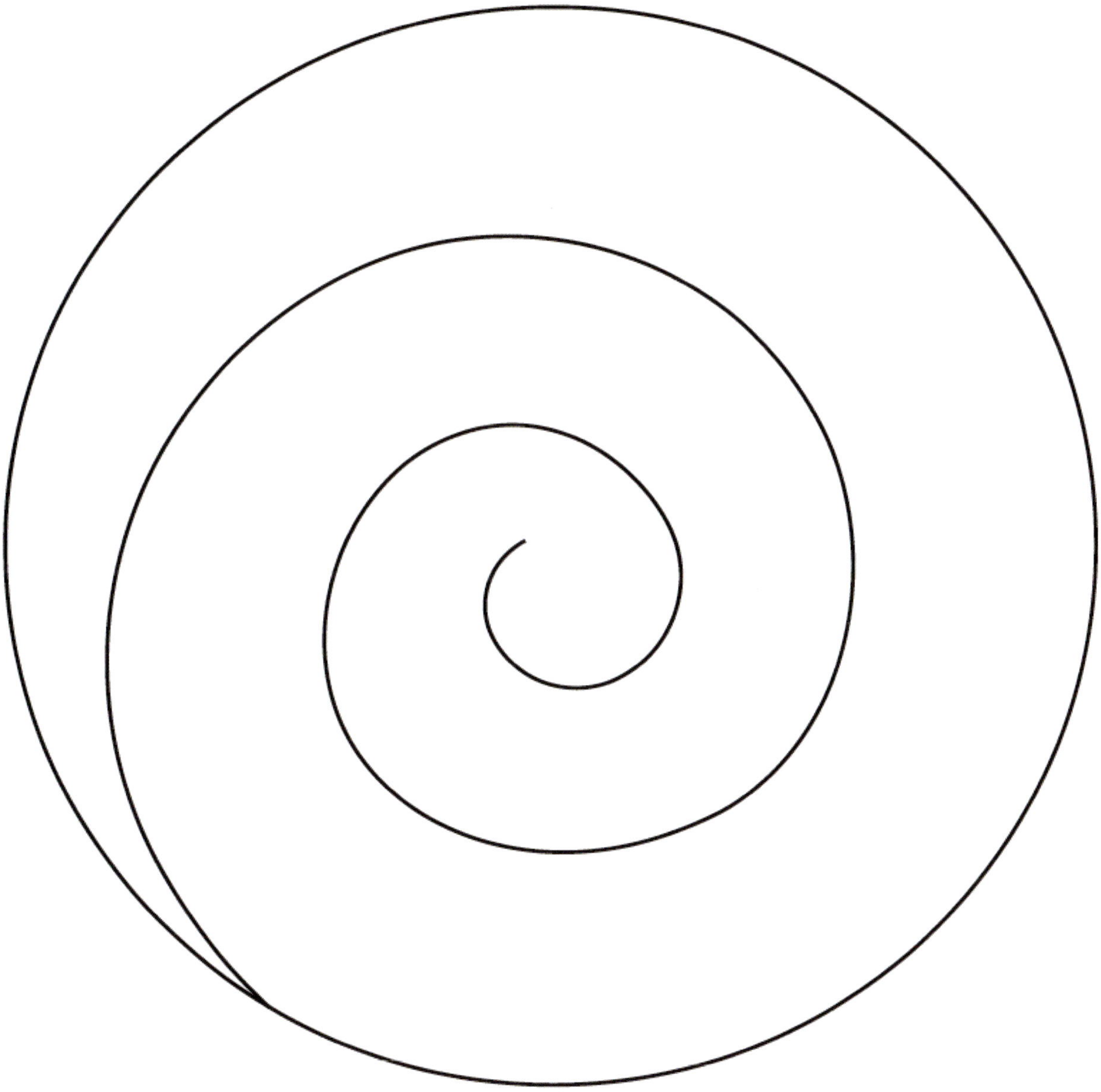

Wattestäbchenmuster

Musterpanzer

Musterpanzer

Musterpanzer

Schildi im Labyrinth

Schuhe binden

Tupfenbild